yukismart.com/b/63d8a6

1

un

หนึ่ง

nueng

ananas

สับปะรด

sapparot

guitare

กีตาร์

kita

2

deux

สอง

song

dinosaures
ไดโนเสาร์

dainosao

jumeaux
ฝาแฝด

fafaet

trois
สาม
sam

étoiles de mer
ปลาดาว
pladao

pêches
พืช
phicha

4

quatre

สี

si

cerises

เชอร์รี

choeri

robots

หุ่นยนต์

hunyon

5

cinq
ห้า
ha

doigts
นิ้ว
nio

crayons
ดินสอ
dinso

6

six

หก

hok

bonbons

ลูกอม

luk-om

cœurs

หัวใจ

huachai

sept
เจ็ด
chet

coquillages
เปลือกหอย
plueakhoi

cubes
บล็อก
blok

8

huit

แปด

paet

fourmis

มด

mot

fleurs

ดอกไม้

dokmai

9

neuf

เก้า

kao

poissons

ปลา

pla

boutons

กระดุม

kradum

10

dix

สิบ

sip

bougies

เทียน

thian

œufs

ไข่

khai

pair

เลขคู่

lekkhu

impair

เลขคี

lekkhi

entier

ทั้งหมด

thangmot

moitié

ครึ่ง

khrueng

rouge

แดง

daeng

parapluie

ร่ม

rom

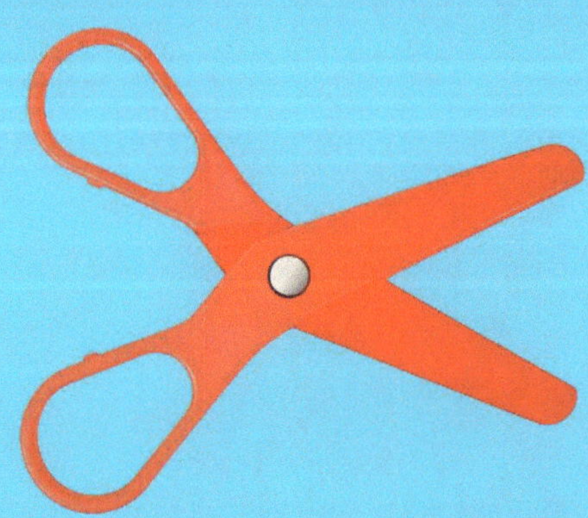

ciseaux

กรรไกร

kankrai

jaune

เหลือง

lueang

banane

กล้วย

kluai

fromage

ชีส

chit

vert

เขียว

khiao

légumes

ผัก

phak

bouteille

ขวด

khuat

gris

เทา

thao

tapis

พรม

phrom

plume

ขนนก

khon nok

orange
ส้ม
som

citrouille
ฟักทอง
fakthong

jus d'orange
น้ำส้ม
namsom

blanc

ขาว

khao

tasse

ถ้วย

thuai

enveloppe

ซองจดหมาย

songchotmai

noir
ดำ
dam

lunettes
แว่นตา
waenta

chemise
เสือเชิ้ต
sueachoet

marron

น้ำตาล

namtan

violon

ไวโอลิน

wai-olin

gâteau

เค้ก

khek

bleu

ฟ้า

fa

short de bain

กางเกงว่ายน้ำ

kangkeng wainam

lunettes de natation

แว่นตาว่ายน้ำ

waenta wainam

rose

ชมพู

chomphu

glace
ไอศกรีม

aisakrim

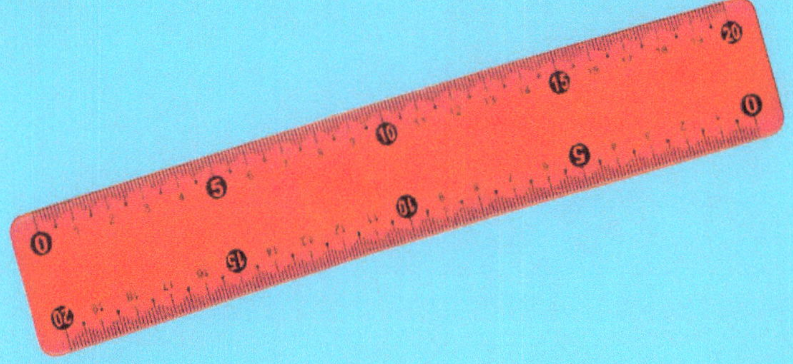

règle
ไม้บรรทัด

maibanthat

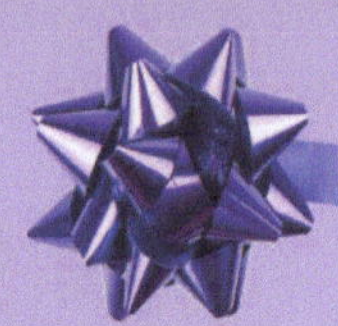

violet

ม่วง

muang

dé

ลูกเต๋า

luktao

éventail

พัด

phat

couleurs claires

สีอ่อน

si-on

couleurs foncées

สีเข้ม

si khem

rond
วงกลม
wongklom

carré
สีเหลียมจัตุรัส
siliamchatturat

étoile
ดาว
dao

cœur
หัวใจ
huachai

croissant
เสี้ยว
siao

triangle
สามเหลียม
samliam

rectangle
สีเหลียมผืนผ้า
siliamphuenpha

ovale
วงรี
wongri

goutte

หยดน้ำ

yotnam

croix

กากบาท

kakabat

cube

ลูกบาศก์

lukbat

sphère

ทรงกลม

songklom

anneau
วงแหวน
wongwaen

trèfle
ใบไม้สามแฉก
baimai sam chaek

cylindre
ทรงกระบอก
songkrabok

cône
กรวย
kruai

ligne

เส้น

sen

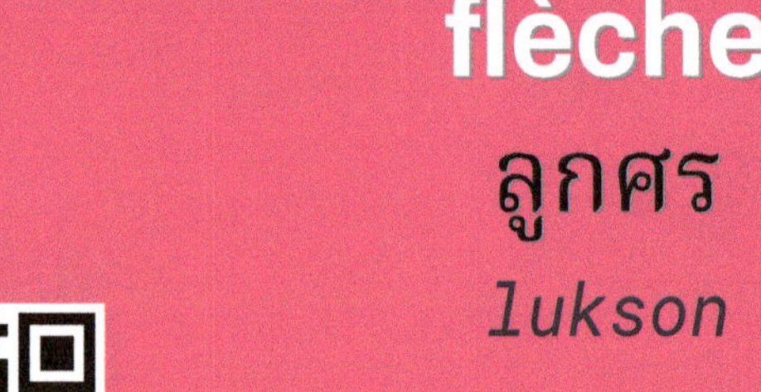

flèche

ลูกศร

lukson

points

จุด

chut

zigzag
ซิกแซก
siksaek

courbe
เส้นโค้ง
senkhong

spirale
เกลียว
kliao

dessiner

วาด

wat

peindre

ระบาย

rabai

compter

นับ

nap

écrire

เขียน

khian

petit
เล็ก
lek

grand
ใหญ่
yai

souris
หนู
nu

éléphant
ช้าง
chang

court
ส้น

san

long
ยาว

yao

ver
หนอน

non

serpent
งู

ngu

mince

บาง

bang

épais

หนา

na

vide

ว่างเปล่า

wangplao

rempli

เต็ม

tem

1
2
3